Guy de Pernon

CHRONIQUE
EN VERS
ET CONTRE TOUT

Tome III

Octobre 2022 - Janvier 2023

Merci à

Mireille Jacquesson

*qui a bien voulu se charger
de la correction de ce travail*

1ère édition : janvier 2023

Numlivres.fr

Table des matières

2ème partie   **35**

1ère partie

octobre - novembre 2022

1 - Elon Musk

"Éphémères" seront, certes, tous ces libelles,
Comme pris dans le temps, cette glu aux oiseaux
Ce sont de petits faits qui sont comme des merles
Qui remplacent les grives de nos idéaux.

Savoir si on aura de l'essence à la pompe,
Si l'on doit s'acheter des pulls à col roulé,
Ce sont là les angoisses qu'à grands coups de trompe
Les médias nous assènent — ils sont subventionnés.

À défaut de projets comme autrefois ce fut
Pour les chemins de fer, l'avion, l'automobile
L'époque est à l'exploit d'un seul individu
Se lançant des défis on ne peut plus futiles !

Traverser l'océan assis sur un tonneau,
Vivre dans la toundra à grands coups de vodka,
Avaler d'un seul coup un hamburger très gros
Ou franchir sur un fil l'effrayant Niagara...

Voilà ce qu'on propose aujourd'hui aux parents
Pendant que leurs enfants jouent aux super-héros !
Jules Verne a écrit Robur le Conquérant,
Mais plutôt qu'ingénieur, on va à SupDeCo...

Elon Musk est le seul à oser voir en grand !

2 - "Il suffit de casser le Pont…" ?

Sur le Pont d'Avignon, on y dansait en rond ;
Sur le Pont de Crimée on n'y pouvait passer
Étant fort abîmé par des explosions ;
Mais le voilà déjà très vite réparé !

Il n'est guère besoin d'appeler Sherlock Holmes
Pour savoir qui peut bien avoir monté le coup :
Il n'est pas nécessaire de nous citer Hobbes
Mais plutôt éviter d'hurler avec les loups !

Déjà les profondeurs avaient reçu un choc
Qui perça les tuyaux du célèbre "NordStream" ;
Opération qui semble être d'une autre époque :
Mitterand, en son temps, barbouze maritime.

Je me souviens, enfant, quand je lisais "Signal"
J'y lisais que le Reich était partout vainqueur ;
Mais à Londres on disait que les bons aviateurs
Avaient réduit Dantzig à des pierres tombales.

Pascal le disait bien : « Vérité en deçà »
Les Pyrénées, pour lui, marquaient une frontière ;
En Ukraine, aujourd'hui, l'erreur est « au-delà » :
Pascal n'est pas beaucoup lu chez les militaires,

Et de quel côté donc serait Apollinaire ?

3 - Vide et plein

Quand la pompe à phynance aux nantis fait le plein
On refuse aux grévistes leur augmentation,
Et qui va au boulot comme chaque matin
Ne trouve plus d'essence en aucune station ;

La presse vitupère ceux dont le salaire
Serait trop élevé, mais ne dit rien du tout
Des profits fainéants faits par les actionnaires
Qui se frottent les mains de ce que fait Moscou.

Car la guerre n'est pas pour tous au même prix :
Si le drône remplace la fleur au fusil
À l'arrière toujours on fait de gros profits
Sur le dos de ceux-là qui y perdent la vie.

On connaît l'adage du Sage et de la Lune :
Les médias ne regardent que le petit doigt
Et s'empressent toujours de montrer à la "Une"
Ce qui peut détourner le regard, et l'on voit

Plutôt la paille que la poutre devant soi.

4 - Liberté !

À quoi bon ferrailler dans mon coin, esseulé,
Contre un monde qui suit la pente de l'Histoire ?
Hegel jeune admirait en le voyant passer
Napoléon, "âme du monde" — et ses victoires.

On ne peut pas nier l'influence d'un homme
Sur les événements — mais en mal, pour certains !
Et quant à ceux-là même qu'on admire, en somme,
Ils ont pourtant souvent eu du sang sur les mains…

L'Homme jamais ce titre ne méritera
Tant qu'il ne sera pas lui-même son grand homme
Tant que devant un autre il s'agenouillera,
Dieu, héros, ou tyran, en vérité, tout comme.

La Boétie l'a dit — il est toujours cité,
Mais jamais on ne met en actes sa parole ;
Les hommes sont des chiens à leur maître attachés
Ils suivent son chemin quand les pigeons s'envolent,

Et pour un peu de pain vendent leur liberté.

5 - Méli-mélo (drame)

Le Croissant aujourd'hui redevient dangereux :
Ami de la Russie, il nargue l'Occident,
Et demeure pourtant un pilier de l'OTAN,
Jouant les médiateurs en ce combat douteux

Opposant deux empires basés sur l'argent.
Sur le ring ukrainien les oligarques russes
Aux milliardaires américains s'opposant
Font se battre toujours contre le roi de Prusse

Mercenaires affreux et citoyens naïfs ;
Un sinistre histrion hissé en chef d'État
Au nom de la morale se montre offensif
Et fait du bon boulot, mais pour la CIA !

L'Europe se chipote en versant ses quotas
De milliards, et des armes à longue portée,
Dans des versions modernes de Grosse Bertha,
Et combat sans combattre avec la lâcheté

D'un donneur de leçons, bientôt islamisé !

6 - Or noir

Qu'on ne confonde pas gréviste et syndicat !
De vieux apparatchiks soucieux de leur image
Et trop souvent payés par l'argent de l'État
Avec lui font souvent le jeu du copinage…

Ils servent bien aussi les médias malveillants
Par des déclarations et des rodomontades
Qui n'ont pas d'autre effet que d'effrayer les gens
Et se faire mousser auprès des camarades.

Mais le concert de jérémiades qu'on entend
Dans toutes les télés sur la "prise en otage"
Des usagers privés ainsi de carburant
Néglige de pointer, parlant de "dérapages"

Les profits éhontés faits par les pétroliers
Qui ont bien profité de la guerre en Ukraine
N'en jetant que des miettes à leur salariés
Qui n'ont d'autre moyen que mettre en quarantaine

Les cuves de l'or noir pour se faire payer !

7 - Complication

Pourquoi donc faire simple, au lieu de compliqué ?
Aux sites d'internet on ne peut accéder
Sans donner chaque fois nom, prénom, et cocher
Encore çi ou ça, et montrer vos papiers.

À chaque fois il faut encore préciser
Prétendument pour garantir vos libertés
Si vous voulez être fiché et coukifié
Faute de quoi vous ne pourrez tout regarder...

La prolifération des malfrats numériques
Explique, nous dit-on, toutes ces précautions ;
Mais en réalité, ce n'est que bénéfique
Pour la publicité, coupable d'intrusion !

La moindre chose à faire aujourd'hui se complique ;
Un rendez-vous à prendre fait le tour du monde
Vers un centre d'appels de taille gigantesque
Où vous devrez attendre avant qu'on vous réponde !

La multiplication en tout est désastreuse,
Elle induit des ennuis tout à fait inédits ;
Le numérique a fait de façon insidieuse
Le contraire de ce qui en faisait le prix

Et tel qui croyait prendre y est maintenant pris !

8 - climato-mensonges

Le péril climatique est une vaste blague
Mais elle est bien utile à tous les gouvernants.
La Terre a toujours eu une série de vagues
Et de chaud et de froid, depuis la nuit des temps.

Cro-Magnon se terrait au fond de ses cavernes
Pour avoir un peu chaud, mais longtemps avant lui
La chaleur était telle que même dans nos plaines
Poussaient des végétaux de tailles inouïes.

Le Terre on le sait bien n'est pas encore finie :
De temps en temps elle a des bouffées de chaleur
Elle fait des boutons et crache de la suie
Ou de la lave en feu qui répand la terreur.

Mais le soleil aussi se met de la partie
Il a des périodes où la fièvre le prend
Et à travers l'espace alors nous expédie
Son trop plein de photons qui vont nous bombardant.

Ce n'est pas par sa clope ni par son gazole
Que l'homme est responsable de ces changements ;
Et même les usines dont les fumeroles
Pour nos poumons néfastes, très certainement,

Sont sans effet sur le niveau des océans !

9 - Combinaisons

Un jour comme les autres, pourtant différent ;
Un visage connu et combien d'inconnus ?
Toi qui es mon semblable tu ne l'es pourtant.
Comme dans la forêt je marche dans la rue

Que d'arbres ! Et jamais ne repousse le même
Tant d'espèces, chacune tant de variétés !
Les notes sous ses doigts que le pianiste essaime
Bien qu'en nombre fini font une infinité.

Les atomes entre eux ne diffèrent que peu
Mais leurs combinaisons sont pourtant innombrables ;
Les signes du langage font que par leur jeu,
Nous avons pu écrire un nombre incalculable

De livres, qui prolongent les parlers perdus,
Racontant des histoires qui toujours redisent
Les même choses sous des formes inconnues
Que des lecteurs dévorent comme friandises...

Pour faire un infini, peu d'éléments suffisent.

10 - Grève

Que veut dire "grève" quand tout est connecté ?
Enfant j'ai vu la grève des mineurs du Nord
Pendant un mois entier, c'était pendant l'été,
Et de charbon était pleine la cave encore…

En août cinquante-trois, à quatre heures devant
La porte de l'entrée de chez Goulet-Turpin
On faisait le piquet laissant, en les huant
Passer les "jaunes" qui allaient à leur turbin…

Mais on ne manquait pas ni de pain ni de vin
"Chez Goulet", l'officine du coin de la rue
Dans mon village de Saint-Brice, et le pétrin
Du "Père Labé" tournait toujours, la nuit venue…

En soixante huit, debouts devant la verrerie
Nous étions, étudiants, mêlés aux ouvriers
Qui maintenaient pourtant des fours la chaufferie
Pour éviter que tout se soit solidifié,

Même si les bocaux ne manquaient pas chez nous !
Aujourd'hui il suffit d'une raffinerie
Et c'est la France entière sens dessus dessous
Et les médias au lieu de dire l'incurie

De nos gouvernements — la grève désavouent !

11 - Droïde

Je suis comme Siegfried et j'entends des oiseaux
Mais ce ne sont rien d'autre que des acouphènes ;
Et dans cette volière aux bandes d'étourneaux
De la musique peu de notes me parviennent.

La mécanique de mes membres manque d'huile ;
Mais il n'est pas prévu de graisseurs aux endroits
Qui travaillent le plus et rendraient plus facile
L'entretien des rouages d'ajustage étroit.

Les neurones vont bien, ou du moins je le crois :
Il en est un bon nombre qui vivent encore,
Même si je constate avec un peu d'effroi
Qu'il en manque à l'appel quand je me remémore

Tel ou tel personnage que je connais bien
Et que son nom soudain est comme un trou béant :
Il faut, comme internet, par un autre chemin
Retrouver la donnée d'un endroit différent.

Les robots sont idiots sous une forme humaine
Pour jouer aux échecs et gagner, on le sait
Il suffit d'un écran plutôt qu'un Frankenstein ;
Mais sous forme invisible ils sont en nous déjà :

Je porte des lunettes, j'ai des dents factices,
Je roule en trottinette plutôt que marcher,
En recourant à des oreilles adventices
À des hanches plastiques, genoux remplacés,

Je serai transhumain, droïde bricolé !

12 - insomnie

Dans la nuit endormie
Des serpents clignotants
Se hâtent lentement
Pour sauver quelque vie

D'autres passent hurlant
Silencieusement
De bleu coiffés, cherchant
Le malfrat, le dealer, déguisé en migrant.

Il faudrait faire s'endormir
La terre entière en même temps
Pendant longtemps
Pour que l'on perde enfin même le souvenir

Des guerres, des crimes, pour pouvoir en rire !

13 - Un crime

Pleurs et lamentations, des fleurs, des petits cœurs
Combien de fois déjà ? Et à quoi cela sert ?
D'un côté ceux qui sont comme nos procureurs
Et de l'autre ceux qui désignent l'Adversaire.

Un imam en Belgique se moque de nos lois ;
Autrefois c'est là-bas qu'on fuyait l'injustice
Et la bêtise des rentiers de bonne foi
Des pères la morale en guise de police.

Le monde maintenant est à l'envers je crois ;
Ce sont de Mahomet tous les plus fanatiques
Qui de là-bas dirigent tous les hors la loi
Pour établir ici un Islam politique.

Ceux qui aujourd'hui crient à "récupération"
Ont depuis quarante ans fait le lit de l'Islam
Cette sorte de "crack" pris sans modération
Et nos "élites" font d'"alaykoum salam"

La main sur la poitrine, leur salutation !

14 - Purée mentale

Ce monde est comme moi, usé d'un peu partout,
Et ses envahisseurs au virus couronné
De leur Héliogabale ont baisé les genoux,
Puisque les Dieux ont vu leur Olympe squatté.

Crimes, déflagrations, effondrement des cours,
Les Princes d'Orient sur leurs sofas s'affalent
Levant le petit doigt pour venir au secours
De Présidents comme condamnés en cavale.

Mais le jour n'est plus pur que le fond de mon cœur
Racine je te fais cet emprunt taux zéro :
Nous sommes quelques uns venus des profondeurs
À te connaître encore, à réciter tes mots.

Vendue, notre culture, à grand coups de marteau
Comme aux enchères, pour d'abolis bibelots ;
Incapables d'aimer quoi que ce soit de beau,
Dans les musées ce sont maintenant les tableaux

La cible d'abrutis prétendus écolos !

15 - Le Bien

Comme dit autrefois pour la "pile Wonder"
L'indignation ne s'use que si l'on s'en sert
Et la mienne est usée à force de servir...
Je voudrais maintenant plutôt me réjouir.

Puisque je sais très bien cette partie perdue
Ce jeu de société aux cartes bisautées,
Monopoly dont la règle a été revue
Pour mieux coller dit-on à la réalité :

C'est à dire plutôt comme pour la nier.
Qu'il serait doux pourtant d'aller dans le troupeau
De tous les braves gens, et sans traîner les pieds,
De rejoindre le camp du Bien sur les réseaux !

Mais je ne puis pourtant, car c'est contre-nature ;
"Cobaye convaincu" m'appelait-on, petit,
Et grandissant je crois, j'ai gardé la dent dure
Contre tout ce qui n'est rien qu'idéologie,

Tous les confiscateurs de la démocratie !

16 - Roi Pêcheur

Fleuve tari, marais séché, dans cette fibre
De mes neurones l'étincelle ne va plus
D'un pôle à l'autre, et dans ces cordes rien ne vibre,
Comme si l'accordeur n'était jamais venu.

Je tape sur les touches des mots, mais le son
Me fait le même effet que taper sur du bois ;
Est-ce que mon oreille est sourde au diapason
À quoi bon composer si ce n'est que pour moi ?

Dans les eaux de l'oubli j'ai souvent repêché
De vieux souliers ou bien des poterie brisées ;
De frétillants fretins parfois se sont montrés
Et faute de baleine, les ai harponnés.

Roi pêcheur et podagre sur ce lac à sec,
En ma barque immobile je continue la Geste
Mais les héros déchus, dans ma bibliothèque
Sont ignorés de tous, ou fuis comme la peste.

Il me faudrait plutôt, aux manettes d'un drone,
Aller verser des vers fait de mots d'avenir
Au-dessus des cités, ces prisons monotones
Pour dire aux gens d'oser de l'Islam s'affranchir

Et plutôt se sentir comme des autochtones !

17- À la Une

Les journaux ont toujours aimé les criminels
Les voleurs, les escrocs, les violeurs, les gangsters ;
Cela fait de gros titres, et les bonnes nouvelles
Se vendent beaucoup moins que les visions d'enfer.

Si autrefois les crimes s'étalaient surtout
Avec de grands dessins occupant pleine page
Dans les journaux spéciaux nommés "feuilles de choux"

Radar" ou "Détective" — maintenant les plus sages

Sont eux mêmes victimes de cette gangrène :
"Le Monde", "Figaro", "Libération," et autres
À défaut de joueurs de ballon, nous assènent
Les messages "twitter" de suspects, et se vautrent

Dans ce que l'on nommait "info de caniveau",
Comme s'il leur fallait, en plus de leurs prébendes,
Tirer publicité de ce qui n'est pas beau,
Et que les "annonceurs" puissent agir en bande

Et venir s'installer aux fond de nos cerveaux !

18 - Englués

Les patrons ont lu Marx avant les prolétaires
Qui ne savaient pas lire, au fond de leurs corons,
Et pour les exploiter, ils savaient comment faire
Ils ont gardé pour eux la clé de la prison.

Déjà La Boétie en cessant d'obéir
Avait montré la voie de la libération
Mais quand ce fut enfin le moment d'en finir
La Liberté périt dans la Révolution.

Après quelques échecs retentissants à l'Est,
D'une idée confisquée par des apparatchiks,
Une moitié du peuple en prison, et le reste
Résignée à se faire à son destin tragique...

Aujourd'hui désoeuvrés, européanisés,
De jeunes gens s'emploient à saccager des œuvres
Au nom d'un grand péril qu'ils se sont inventé
Et qui pour eux s'étend comme ferait la pieuvre...

Se trompant d'ennemi, ne font que s'enchaîner !

19 - Réseaux

Les réseaux dits sociaux ne sont que l'exutoire
Pour beaucoup d'enragés fiers de leur nullité,
Et les politiciens croient y faire l'Histoire
Confondant le cancan avec la vérité.

Il faut vraiment n'avoir rien qui soit mieux à faire
Pour passer tant de temps à ces insanités ;
On peut y voir la dictature populaire,
Celle qui autrefois faisait décapiter :

Hier on le faisait au nom de la Patrie,
Aujourd'hui c'est Allah qui fournit les couteaux ;
Elle a changé de camp cette sauvagerie
Qui s'empare des gens en quête d'idéaux.

Mais le lynchage et la mise à mort médiatique
Maintenant font fureur sur ces "réseaux sociaux" ;
Ce n'est qu'un moindre mal, mais ô combien tragique
Pour qui ose pourtant y tenir des propos

Qui ne sont pas conformes, mais un peu critiques !

20 - Heure d'hiver

L'État s'est arrogé la maîtrise du Temps
Et nous contraint à mettre nos montres à l'heure ;
Mais les pendules numériques maintenant
Se mettent d'elles-même aux ordres du Seigneur.

L'Être et le Temps comme pensait Heidegger
Ont des affinités, on dirait aujourd'hui
Que ce sont des notions corrélées ; l'Univers
Y ajoute l'espace, où fuient les galaxies.

Le temps de nos horloges n'est rien que local
Et l'État despotique en a fait son joujou
Mais cela n'est que peu face au vide abyssal
Qui fait dans la poussière d'étoiles des trous.

On sait bien maintenant que l'espace est courbé
Là où la pensée seule est capable d'aller,
Et le Temps avec lui, granules quantifiés
Comme sur la lumière s'y trouve porté

Emplissant l'infini sur lui-même enroulé…

21 - Bassines

Obélix disait-on, tombé dans la bassine,
En avait avalé un peu trop de potion
Qui lui avait donné une large poitrine
Et un ventre replet, mais la force d'un lion.

Quand nous étions enfants c'était dans la bassine
Ovale, toute en zinc, qu'à grands cris clapotions
Le dimanche matin, emplissant la cuisine
Où la pompe, l'hiver, gelait, sans rémission.

Quand on faisait à la maison des confitures
C'était l'événement : on sortait la bassine
Qu'on remplissait avec des quantités de mûres,
On y plongeait le doigt se léchant les babines…

Maintenant ces bassines, faites de béton
Immenses, qu'on remplit par des tuyauteries,
Sont un objet majeur de la contestation ;
Car la culture du maïs, cette industrie

Voudrait pomper tranquille dans la phréatique
À l'abri d'une bâche aux couleurs de Soulages ;
Alors tous les petits, ce piège tyrannique
Les rendrait dépendants, moyennant un péage,

De l'eau, ce bien commun, qu'ainsi on leur confisque !

22 - Fusion

Les travaux continuent pendant qu'on fait la guerre :
La Russie expédie à Marseille un aimant
Destiné à venir s'accrocher à ITER
Pour faire du plasma, la soupe d'éléments

Qui en se combinant fourniront la lumière
D'un soleil miniature dont l'énergie rendra
Obsolètes ceux qui battent de l'aile en mer :
Tous ces vilains géants pourront baisser les bras.

On se jette des drones à la figure, on se
Bombarde, on se missile, on se kalachnikoffe
Et même on fait semblant d'abandonner l'espace
Mais quand même on évite cette catastrophe

Que ce serait de rompre le projet commun
À tant de nations, et qui est l'avenir
Pour permettre de vivre à tout le genre humain :
L'Homme inventa le feu, qui ne peut plus suffire

Aujourd'hui il lui faut la "fusion" — ou périr !

23 - "Laissez venir à Moi…" (Mc, 10, 14)

Dargamin a tenu des propos pleins d'emphase
Promettant d'accueillir de nouveaux immigrés,
Et faire d'eux vraiment des citoyens de base,
Mais à la condition qu'ils veuillent travailler.

D'aucuns s'étonneront qu'avec tant de chômeurs
On puisse encore faire venir des migrants
D'autant que ceux qu'on voit, en fait de travailleurs,
Sont souvent occupés à jouer les mendiants.

Mais le patronat voit dans cette manne humaine
Une bonne occasion d'employer pour pas cher
Dans l'arrière-cuisine, ou au bout de la chaine
Ceux qu'on ferait venir, et donc on légifère.

On ne peut renvoyer les délinquants odieux,
Un immam en Belgique nous fait des pieds de nez ;
Mais on va s'ingénier à faire encore mieux
Avec le droit d'avoir la nationalité

Contre simple promesse à vouloir travailler !

24 - Descenseur.

La vie cet escalier que l'on monte et descend
Sans pouvoir s'arrêter et regarder au loin
Sauf au dernier étage, pour un court instant
La visite finie, il faut serrer les poings.

La technique moderne a mis des ascenseurs
Toujours plus haut, plus vite, mais en descendant
Il faudrait s'arrêter sur chacun des bonheurs
Connus à chaque étage, même rien qu'un moment ;

Mais on ne peut que voir les chiffres défiler
Sans savoir où l'on va, et où s'arrêtera
Le long de l'édifice la chute feutrée
Peut-être à la poubelle, qui est tout en bas ?

Si j'avais un outil pour faire un court-circuit
Je pourrais arrêter la chute programmée ;
Mais rester dans le noir et comme au fond d'un puits
N'est pas très agréable, — à moins que d'espérer

Que quelqu'un de là-haut me fasse remonter !

25 - "Insoumis" soumis

Les bateaux de migrants déferlent chaque jour
Financés par Soros et autres davocrates,
Qui vont les repêcher et leur porter secours :
Ce sont de pauvres gens que les passeurs exploitent.

Et maintenant que les banlieues pleines débordent
Que les dealers et islamistes se partagent
Les aides qu'on leur offre aussitôt qu'ils abordent
Il serait temps de mettre un terme à ce ravage

De ce que fut la France : et "le climat", en somme,
N'est pas le vrai danger, mais c'est le tsumani
Que ne peut supporter l'exigu hexagone
Désormais envahi comme un pays conquis.

Autrefois on parlait de "cinquième colonne"
Pour désigner ceux qui souriaient aux nazis ;
Aujourd'hui LFI et ceux qui mélanchonnent
Jouent ce rôle à merveille d'"insoumis" soumis

À tous les islamistes, nos vrais ennemis !

2ème partie

novembre - décembre 2022

26 - Balancier

Remonter la Comtoise, remonter le Temps,
Chaque dimanche, sans oublier, le matin,
Ce balancier qui oscille tranquillement,
Et des aiguilles que j'ajuste avec la main.

Journée nouvelle, qui commence la semaine,
Combien de fois déjà ? Je n'ose les compter ;
Banalité du geste et miracle quand même
Fragilité renouvelée, sérénité dissimulée.

Au dehors le tumulte et crimes et délits,
Pain quotidien des chaines TV continues ;
Insultes, invectives, gémissements et cris,
Et pendant ce temps-là, la guerre continue.

Jamais Homme sera qui le Veau d'Or adore,
Qui courbera l'échine devant quelque roi ;
Le balancier du Temps continuera encore
Quand bien même on aurait osé couper les doigts

Au scribe qui montrait de la pensée l'effort.

27 - Autres rivages

Grues et ponts suspendus, à l'horizon, la ville
Est un caddie géant transportant des nuages
Au loin vers une mer qui en fait presque une île
Où le soleil étend ses rayons de cépages.

J'ai connu des ailleurs aux charmes plus violents
Faits de sable et de roc, aux veines de séguias,
De cocotiers, de terre sèche rouge sang
Et de poissons volants, de requins au front bas.

J'ai salué aussi tous ces géants de pierre
Alignés sur la rive comme un choeur antique,
Et leurs yeux de lapis-lazuli sans paupières
Fixés sur le lointain, le dos au Pacifique.

Aujourd'hui revenu vers de sages rivages
C'est sur l'aile du rêve que je vole encore ;
Cormoran empêché du fait de son grand âge,
Je demeure figé sur la cale du port,

Nostalgique — et quand même content de son sort.

28 - Qu'ils s'en retournent ?

La propagande enfile de nouveaux habits :
Les blouses blanches qui régnaient à la télé
De discrets généraux en civil très polis
Les ont remplacés pour mieux nous décerveler.

L'Ukraine est devenue un écran de fumée,
Et pendant ce temps-là, on importe, en bateaux
Des esclaves nouveaux affublés d'un collier,
Orange, et repêchés, "Boudus sauvés des eaux"…

Ils viennent remplacer nos propres indigènes :
Comme chez les Romains, une fois affranchis
Ce sont eux qui bientôt, s'emparant des domaines
Aux anciens patriciens dicteront les édits.

La méditerranée est leur mare nostrum,
Et simplement oser leur dire de partir
Est un crime puni dans l'Assemblée, tout comme
Si l'on avait l'idée de les laisser périr

Victimes des passeurs, ces requins mangeurs d'hommes !

29 - Balancelle

Des jours accumulés comme au petit bonheur
Ce sont les plus lointains que l'on a sous la main
Comme en un jeu de cartes que bat un tricheur
Et sortant de sa manche celle qui vient à point.

On dit que les vieillards retombent en enfance,
Mais pour moi c'est l'enfant caché dans le vieillard
Qui par moments revient soudain à la surface
Et s'étonne de voir qu'il n'est jamais trop tard.

Je ressens la douceur au creux de ton épaule
Celle de tes vingt ans, et je suis l'astronaute
Voyageant dans le temps comme en un jeu de rôle :
Plus vite qu'un photon, c'est vers toi que je saute

Dans le vide rempli d'images mémorielles
Au module où tu es, par un cordon relié
Fait de nos souvenirs et cette balancelle
Fait que je veux toujours voir un jour se lever

Un de plus dans un monde que l'on peut rêver...

30 - Conseils d'ami

Je suggère à Soros de financer un pont
Reliant la Libye à l'extrême Sicile
Au lieu de ses bateaux faits pour l'immigration,
Pour rendre l'invasion nettement plus facile.

Je suggère à Macron de promulguer la loi
Obligeant les clochers et même les mosquées
À remplacer Croissant et coq ou bien la croix
Par des moulins à vent — pour l'électricité.

À Darmanin je dis qu'il devrait faire appel
Aux bonnes volontés, pour la sécurité,
Et qu'un Français sur deux, équipé d'un Lebel
Soit le garde de ceux formant l'autre moitié.

« Qui trop embrasse mal étreint », Monsieur Lemaire,
Et plutôt que vouloir étouffer la Russie
Qui a connu des assaillants bien plus sévères,
Vous feriez mieux de franciser l'économie

Et de développer vraiment le nucléaire !

31 - Sergent Payen

C'est aujourd'hui vraiment un triste anniversaire
Que l'on va célébrer à grands coups de clairon
Celui de cette guerre dite "La der des der"
Qui jamais n'a cessé, en changeant d'horizon.

Mon grand-père Payen, Sergent dans les tranchées,
Apprenait le Breton pour parler aux trouffions
Ignorant le français, qu'on lui avait confiés,
Et que l'on trouvait bons comme chair à canons.

Sur ce "Chemin des Dames" on ne se promenait
Plus la fleur au fusil, mais le sang et la boue
Ont mis beaucoup de temps à sécher, il fallait
Dans ma jeunesse encore, plier les genoux

Pour voir dans le gourbi où l'herbe avait poussé,
L'endroit où le Sergent écrivait à Aline
Qu'il n'était pas trop mal, mais que ses gros souliers
Lui servaient de marteau pour chasser la vermine.

Instituteur et Libre Penseur, mon grand-père
Vieillissant, eut pour moi la valeur d'un modèle :
Il lisait "Science et Vie" et écrivait des vers
Sur le pont de Sogny, là où des demoiselles

Se baignaient, dans la Marne, dans ses ritournelles…

32 - Boule de cristal

Comment changer toujours en demeurant le même ?
La conscience que j'ai de la réalité
Est-elle vérité plutôt qu'en elle-même
N'est la réalité sa propre vérité ?

L'image en ma mémoire, ce réseau ténu,
S'effiloche parfois, et je dois explorer
Les noeuds de cette toile en mon cerveau tendue
Pour trouver un chemin jusque-là ignoré.

Image fallacieuse que photographie
Maintenant un instant dans sa fugacité
L'instantané changeant tout comme dans la vie
L'ensemble demeuré, le détail a changé.

Ton visage pour moi est boule de cristal
Dans laquelle je vois passé et avenir
En la faisant tourner c'est l'image mentale
Qui se forme et déforme, dans mon souvenir,

Et celle qui me plaît, je peux donc la choisir !

33 - Ciron pensant

De Descartes, Pascal, le premier je préfère
Peut-être parce que je ne suis pas matheux,
Mais surtout parce que du côté des prières
Je suis plus nul encore et n'en suis pas honteux.

Et j'ai lu dans ce livre en guise de "Discours"
Que la première chose à faire pour penser
Est révoquer en doute ce qu'on dit toujours,
Et de s'interroger plutôt que d'acquiescer.

On me reproche d'être bien trop acharné
À chercher sans arrêt dans la tête des gens
Les poux qui selon moi infestent leur pensée,
Plutôt que les cirons qui peuplent le néant…

C'est vrai que je combats un peu les éoliennes
Comme ferait celui que Cervantès nomma
Même si d'autres peuvent trouver ma bedaine
Bien plus proche de celle de Sancho Pança.

C'est vrai que je suis prêt, toujours, à dégaîner
La rapière des mots contre les Vallombreuse
Moi plutôt Sigognac, quelque peu retiré,
Mais toujours convaincu que les parties honteuses

De cette société, il faudrait les châtrer !

34 - Restrictions

Voici donc revenu le temps des restrictions !
On n'en est pas encore aux cartes de tickets
Mais on vous recommande la modération
Et de penser à bien fermer le robinet.

Car c'est comme l'essence : chaque goutte compte
Et le Gouvernement nous ayant fait l'aumône
De quelques piécettes à la pompe, sans honte
Vient aujourd'hui reprendre son cadeau fantôme.

Le ministre est venu pour se hausser du col
Roulé, qu'il nous conseille, comme à des gamins,
Et un autre suggère que dans les écoles
Auprès du radiateur soient mis les clandestins

Qui sont venus d'Afrique et qui souffrent du froid.
Mais que l'on pense aussi à tourner le bouton
De tous nos appareils, en gardant toutefois
La télé, nécessaire à notre éducation.

On peut acheter tout : le marché noir est blanc
L'inflation fait grimper les prix mais elle efface
Quelque peu de la dette, et de cet instrument
L'État fait un usage de banquier rapace

Tout en nous cajolant, pour éviter la casse...

35 - Ubuesques

Voilà que chez Ubu un missile est tombé !
De par ma chandell' verte, malin qui saura
Si de chez Venceslas le coup fut envoyé
Ou bien de chez Bordur ou de chez Bougrelas ?

Cornegidouille ! Ubu fortement courroucé
Aurait bien pu céder à la basse vengeance
Appelant au secours tous les OTANisés
Et pour qu'on en finisse de la russe engeance !

Mais Obama qui parle au vieux Jo à bas mot
A préféré ne pas trop fâcher Venceslas
Craignant des représailles à San Francisco ;
À Bordur il a dit qu'il mette un peu les basses

À son piano à queue pour entrer dans la danse,
Que la victoire n'est pas encore à portée
Mais qu'il faut relancer cette pompe à Phynance
De l'UE que la Mère Ubu a siphonné,

Et aux vingt-sept a su imposer sa Régence !

36 - Temps retrouvé

Plonger dans les cahiers du temps de mon enfance
Conservés et transmis miraculeusement,
Malgré la guerre, et même mes propres errances,
Malgré les deuils, et tous les déménagements,

C'est retrouver le temps qui ne s'est pas perdu,
Dans ma tête, du moins — mais pour celle des autres
Ce sont des vieilleries qui ne leur causent plus…
Car le monde a changé ! disent les bons apôtres.

Oui, mais s'il a changé, faudrait-il oublier
D'où nous sommes venus, pour n'y retourner plus ?
Comme une partition, la mémoire est formée
D'une série de notes plus ou moins tenues

Et d'un coup de baguette, le Chef, dans ma tête
Lui donne son tempo et diminuando
Pour calmer les ardeurs de mes coups de trompette
Qui instinctivement vont au fortissimo,

Et m'ont souvent valu bien des déconvenues !
Aujourd'hui plus qu'hier la pensée dominante
Est de celle qu'il faut révérer, ce n'est plus
La curiosité ou l'idée décapante,

Il ne faut jamais dire que le Roi est nu !

37 - Bill et Dan

Dans tous les logiciels, même les plus fameux,
Et même quand ils ont pléthore de fonctions
Je suis toujours un peu frustré et malheureux
Car ils sont faits pour tous, alors que pour moi — non.

C'est que pour tous il est impossible d'écrire :
Un logiciel est une boîte refermée,
Et même si l'on peut apprendre à s'en servir
On reste prisonnier de ce qui fut codé.

J'ai toujours préféré me servir de langages :
Ce fut "Basic", "Pascal", puis "Java" et le "C"
Sans oublier le "Forth", et "Python", mais la page
C'est avec "Hypercard" qu'elle a été tournée...

Atkinson, ce génie, en était l'inventeur ;
Dan Winkler "HyperTalk" alors lui ajouta :
Un langage de "script", faisant un programmeur
Même d'un débutant, et "Apple" le donna

Au moins quelques années, puis cherchant le profit,
L'abandonna — mais le ver dans la pomme
A bien su prospérer, et aujourd'hui j'écris
Ces vers tout à l'honneur de Bill et Dan, en somme :

Ancêtres du langage utilisé ici !

38 - Verts

« Renouvelables », disent-ils, mais ce sont eux
Qu'il faut renouveler, ces Verts, ces doryphores
Ceux qui attellent la charrue avant les boeufs
Et plutôt qu'internet voudraient des sémaphores.

Même le fond des mers, ils voudraient bétonner,
Pour y faire élever leurs géantes machines :
Ils mériteraient bien de s'y faire empaler
Puisqu'ils vont les chercher jusqu'au fond de la Chine.

Les vers de terre, au moins, sont à la glèbe utiles ;
Mais les Verts sont nocifs, eux, ces processionnaires
Ces rats des champs qui sont devenus rats de villes
Mais voudraient bien nous voir faire machine arrière.

Ils ont fait peur aux gens avec le nucléaire ;
Mais ceux en vert-de-gris font brûler du charbon !
C'est vraiment se tromper sur les causes premières
Du climat dont ils font nouvelle religion

Et du GIEC sont les thuriféraires !

39 - Évolution

Teilhard a essayé de retrouver son Dieu
Dans les restes fossiles de son sinanthrope ;
Mais la place exiguë derrière ses deux yeux
Ne pouvait faire rien qu'un triste misanthrope.

Alors il a pensé par des calculs savants
Que l'extrapolation grâce à l'évolution
De cette cavité pourrait dans cent mille ans
Dépasser le "sapiens" sur le plan cognition.

Tout semblait converger pour lui comme deux mains
Jointes et vers le ciel tendues comme une offrande
Couronnées d'Omega, ce signe de la fin
D'un alphabet d'espèces, que la foi transcende...

Il faudrait vivre assez, plus que Mathusalem,
Pour pouvoir démontrer que c'est supercherie ;
L'Église a brûlé les sorcières de Salem...
Mais Jacob et Monod, en nouveaux La Mettrie

Ont montré que Hasard avec Nécessité
Conjugués simplement, et sans le moindre plan
Suffisaient à décrire la complexité
Sans qu'il soit nul besoin d'un esprit omniscient,

Et que de l'Univers nous possédons les clés !

40 - Faits-divers

Les ribauds de Paris étaient déjà légion
Il y a tant de siècles, au lointain moyen âge
Il en est même qui, ainsi François Villon
Et Rutebeuf, ont su laisser de belles pages.

Il n'en est plus de même aujourd'hui dans nos rues
Et même au plus profond de nos petits villages ;
Ce ne sont plus que viols, agressions, et non plus
Le fric-frac audacieux, le vol à l'étalage,

Mais crimes crapuleux pour obtenir la dose
Menant aux paradis nommés artificiels
Par les poètes, mais dans les cités moroses
Ce n'est plus que l'enfer et non monter au ciel.

Dans une société qui ne propose rien
Aux jeunes que le look et le rap et le deal
Où la publicité se veut l'art de demain,
Pourquoi donc travailler quand il est si facile

De vivre "secouru" — étant ultra-marin ?

41 - Le doute

Il me prend de douter : à quoi bon s'acharner
À croire que les gens liront ces bouts rimés
Eux qui ne lisent rien, regardant la télé
Ce nouveau catéchisme pour les illettrés ?

Si encore c'étaient des vers un peu salaces
Peut-être qu'ils auraient leur place sur twitter
Sur ces réseaux sociaux où les jeunes entassent
Des signes vidéos pour chercher l'âme soeur ?

Peut-être faudrait-il pourtant que je propose
À ce public en guise de "poil à gratter"
Des poèmes tranchant sur leur banale prose…
Mais hélas — le format me les ferait couper !

Ils ne pourront donc pas briguer leur accession
Mes libelles rageurs, à la place publique…
Toute "mazarinade" contre l'oppression
N'a certes pas connu de gloire mirifique

Mais ont aidé parfois à la Révolution !

42 - **Prolétaires de tous les pays…**

Même en Chine aujourd'hui des travailleurs piétinent
Leurs outils de travail, entrant en rébellion !
Les "iPhones" là-bas sont faits dans des usines
Géantes pratiquant la pire exploitation

Sur des foules soumises à leur terrible sort
Par un État despote au dehors peint de rouge
Et dont le cœur n'est plus qu'un vaste coffre-fort
Aux mains d'oligarques tirant sur ce qui bouge.

Bétail humain pour faire ce que nous avons
Depuis nos écouteurs jusqu'à nos trottinettes
Depuis les sacs à dos jusqu'à nos pantalons
Depuis le radiateur jusqu'à la moulinette !

En France on ne fait plus rien du tout - on achète.
On fait faire là-bas ce qu'autrefois pourtant
On savait faire et même à grand coups de trompette
On proclamait meilleur, on allait se vantant !

Tout comme les Romains comptaient sur leurs esclaves,

Se reposaient sur eux de tout travail pénible
Aujourd'hui nous avons de nouvelles enclaves
Où vivent des clochards dont nous sommes la cible

Et faisons des Chinois nos travailleurs flexibles !

43 - Foie gras et caméras

Certains voudraient interdire la corrida
Et Charles III, déjà, interdit le foie gras.
Tous les végétaliens vont faire leurs choux gras
De cette opération qui ravit les médias.

Je pense qu'il est temps d'interdire les chats
Qui jouent sadiquement, d'abord, avec leurs proies,
Tout comme un picador qui ne se prive pas
D'exciter le taureau depuis son palefroi.

Aujourd'hui on voudrait vraiment tout interdire !
Sous prétexte commode de sécurité,
On met des caméras auxquelles le sourire
Pour la publicité est réponse obligée…

Mais si on peut ainsi filer quelques malfrats
Qu'en sera-t-il bientôt de notre intimité ?
Orwell l'avait écrit — et cela se fera :
Plutôt que d'empêcher l'afflux des immigrés,

C'est bien nous qui serons sans cesse surveillés !

44 - Nouveau monde

Je ne suis pas encore écrivain d'Outre-Tombe
Mais je suis bien certain d'être d'un autre monde…
Le mien fut autrefois pilonné par les bombes
Qui pour venir à bout de cette "bête immonde"

Ont détruit par chez nous autant que les nazis,
Et nous ont occupés, nous ont colonisés ;
Enfants, ce qu'ils avaient nous faisait grande envie
Même jusqu'aux paquets de leur gomme à mâcher…

Ils sont enfin partis : De Gaulle les chassa,
On a refait en "même", un peu, la Normandie ;
Mais le ver dans le fruit, tout le pays changea :
Ce qui était français prit l'allure yankee.

Enseignes, vêtements, jusqu'aux "supermarchés"
Tout s'efforçait d'atteindre à la "modernité" ;
Et nous aimions le "jazz", des parents détesté,
Pour mieux au monde ancien faire un grand pied de nez.

Et maintenant je suis moi-même des anciens :
Dans ce pays qui fut américanisé,
Une foule de gens venus d'ailleurs nous tient
Pour coupables de les avoir colonisés.

Ils ont usé de bombes, de fusils d'assaut
Au nom d'Allah, dans une salle entière,
Et puis ils ont usé du rituel couteau
Pour égorger tous ceux qui ne sont pas leurs frères.

Les voilà désormais, comme rats prolifiques,
Dans les recoins, dans les couloirs, cachés ;

Il nous faudrait un joueur de flûte magique
Pour attirer ces gens contre nous installés,

Et sur de vrais bateaux, chez eux les ramener !

45 - Carpe diem

À quoi bon m'opposer à ce qui me désole ?
On ne peut s'opposer à la gravitation
Sauf à y consacrer une énergie si folle
Que le bilan final n'est qu'une déception.

La Terre tourne et c'est tant mieux si le soleil
Se lève chaque jour en dépit de nos guerres
Son mouvement pourtant ne sera plus pareil
Si les milliards d'humains encore prolifèrent

Et pourraient modifier jusqu'à sa rotation !
Mais quelque cataclysme ou bien météorite
Pourraient bien survenir malgré nos précautions
Et mettre fin brutale à l'espèce inédite

De l'Homme, qui s'est fait aux dépens de Nature :
Ce microbe à deux pieds au front bas inventa
Et l'outil et le feu — même les sépultures
Ce que nul animal n'a fait ni ne fera…

Laissons faire le temps de la géologie
Dont ma vie ne sera jamais qu'un pointillé ;
Le monde que j'aimais depuis longtemps a fui
Celui qui le remplace sera remplacé :

Profitons goulûment de ce bel aujourd'hui !

46 - Un peu d'histoire

Les nouvelles du jour sont à désespérer :
Rengaine quotidienne d'agressions, de haine
Vociférée entre tribus décomposant la société
Et la Nation n'est plus que de l'histoire ancienne.

Il fallut bien longtemps pour que la France soit
Hors du salmigondis de féodalités
Sous la poigne sévère de nos derniers Rois,
Et la Nation fêtée exécra la Vendée.

Plus de Roi, donc, mais la Machine à raccourcir
Prit le relais du despotisme, et la Terreur
En fait de Convention, partout a fait bien pire
Qu'un monarque poussif accordant des faveurs.

Et puis la guerre et puis déjà un militaire
Un petit Caporal devenu Empereur
Confisqua les idées des révolutionnaires
Organisa la France — mais fit son malheur.

Après bien des épreuves, des retournements,
Des roitelets frileux, et la triste réplique
D'un Empereur changeant Austerlitz pour Sedan.
Le capital ayant mangé la République,

Peu à peu mais au prix d'une vraie boucherie
Du travail à la chaîne et du boursicotage
Une guerre de plus, une nation se fit...
Pourrait-on aujourd'hui, ajouter une page

À ce roman sanglant, quand on est envahis ?

47 - "Cahiers des Noëls"

Lire de vieux cahiers, c'est remonter le temps,
C'est retrouver la source maintenant tarie
Mais qui a dévalé la pente si longtemps
Qu'on y retrouve encore ce qui fut son lit.

Car si le fleuve coule et qu'on n'y peut tremper
Dans la même eau, deux fois, même le bout du pied,
Cette menue vallée qu'une vie a laissée
Pour peu qu'on sache lire, on peut la déchiffrer.

Les lignes que mon père autrefois a tracées
Sur un papier jauni demeurent bien vivantes
En leur naïveté, en leur instantané,
Et j'y vois quelquefois ma propre vie naissante.

En relisant cela, en le reproduisant,
Il me semble accomplir un geste pariétal ;
Au fond de la caverne entr'ouverte un instant
Je sauve, en recopiant, de la perte fatale

De leur lointain passé, quelques moments présents.

48 - 85 ans !

Sur la pente du temps on ne peut que freiner
Et jamais s'arrêter : à quatre vingt-cinq ans
J'ai le pied sur le frein, mais la voie cabossée
Secoue les souvenirs et les met en avant.

J'ai vu beaucoup de choses devant moi passer
La guerre, soixante-huit, et le mur s'effondrer,
Avec mes illusions sur un monde meilleur ;
J'ai aimé et quitté — retrouvé et duré…

Mes filles ont grandi ; l'image qu'elles ont
De moi, probablement, a des hauts et des bas ;
En obstiné rebelle même aux concessions
Si je me suis trompé je ne m'esquive pas.

Dans ma quête naïve d'un autre pays
En chevalier errant, j'ai beaucoup combattu
Mensonge, autorité faite d'hypocrisie,
Et payé cher, parfois, de ne pas m'être tu.

Je suis Homo Faber, je crois que la technique
Est ce que l'on en fait et non ce qu'on en dit ;
Capable de tuer rien que d'un simple clic
De nous elle peut faire des géants aussi

Capables de partir un jour dans l'Univers
Pour aller découvrir quelques autres planètes…
Mais je suis un peu jeune encore pour ce faire
Il me faudrait pour ça, soyons un peu honnête

Vivre cent ans, encore, et sans perdre la tête !

49 - Vieillir

Cicéron n'a pas tort : il faut s'accoutumer ;
En termes plus modernes, disons "s'adapter"
À ce vieillissement, cette précarité,
Puisque comme le monde on n'y peut rien changer.

Finies les rébellions de l'âge juvénile,
Il faut apprendre à rétrécir et à trier
Pour garder de l'ancien ce qui peut être utile
Et jeter tout le reste, — s'économiser.

Vivre en petit n'est pas projet très alléchant,
Pour moi qui ai plutôt aimé les choses grandes ;
Alors prendre la loupe et son grossissement
Pour mieux voir les détails que la pensée transcende,

Sacrifier quelque peu les membres pour la tête
Et faire du jogging avec quelques neurones ;
Remplacer la rando par de la trottinette,
À défaut de se voir, échanger des icônes

Faire de chaque instant une sorte de fête !

50 - livre et numlivre

Les livres s'accumulent sur mes étagères,
Et dans les profondeurs d'espaces virtuels ;
Combien n'ai-je pas lus de ceux qui me sont chers,
Et redoublés pourtant<em></em>, comme en un rituel,

Par d'autres qui du moins ne craignent la poussière,
Et dont le classement se fait commodément,
Sans avoir à grimper ou se mettre par terre
Pour en glisser un seul, chambouler tout un rang !

L'un se tient dans la main, l'autre ne pèse rien ;
L'un peut se caresser, on peut y griffonner ;
L'autre n'a pas de forme et s'adapte fort bien
Sur un écran petit mais pour y annoter

Il faut des doigts de fée, à moins de lui parler…
Car il est un bébé que l'on peut éveiller
À qui l'on peut apprendre des mots répétés
Pour pouvoir à la fin éviter de taper.

L'un est un bel objet, l'autre est un avatar
Un "même" dépourvu de la réalité
Et peut-être pourtant, que ce soit tôt ou tard
Si le papier un jour venait à nous manquer

Sa non-réalité sauverait la pensée !

3ème partie

décembre 2022

51 - **Pénurie**

"Coupures de courant", c'était pendant la guerre ;
Maintenant on "déleste", c'est bien plus joli !
On a tout saccagé en France pour leur plaire :
Hier comme aujourd'hui, l'Allemagne ennemie !

Leurs "Verts" sont devenus comme des "gueules noires"

Par idéologie, sont allés au charbon !
Et la France pourrait se trouver dans le noir
Pour avoir écouté leurs élucubrations.

Macron est allé faire risette à Biden,
Le vieillard est poli, mais lui au moins défend
Les intérêts de l'industrie américaine
Et nous, inféodés à leurs représentants

Qui siègent à Bruxelles, nous n'avons pas le droit :
Aider nos entreprises sera condamné :
De La Van der Lahyène nous sommes la proie
Et nous devrons payer une amende salée…

Si jamais nous voulions lui faire un pied de nez !

52 - Déchets verts

Le quarante-neuf-trois a servi tant de fois
Il fallait tout de même trouver autre chose
Pour inquiéter les gens ; en cherchant bien, ma foi,
On n'a rien trouvé mieux qu'une nouvelle dose.

Le Covid pour la Com' fait toujours son effet
En y mettant un peu de la grippe ordinaire
Avec une pincée de bronchiolite, c'est
La garantie d'avoir des valétudinaires

Depuis les tout petits jusqu'aux tout petits vieux.
On connaît la méthode, elle a déjà servi,
Brillamment, dans les mains d'Olivier le Véreux ;
Et en la panachant de crise d'énergie

On peut encore faire marcher la machine
À nous décerveler, comme petits enfants ;
À Canossa Macron est allé faire mine
Pour nous épouvanter tout en nous rassurant.

La France est mal partie, et tout comme l'Afrique
Jamais n'arrivera — si on laisse les Verts
Ces gauchos repentis ces nantis prophétiques
Nous prôner les vertus du retour en arrière :

Quand le match est perdu, il faut changer d'équipe !

53 - Après

La mort n'efface pas les traces de la vie :
Les souvenirs sont là pour témoigner que fut
Un moment, un endroit, contraire à ce qui fuit
Même si maintenant tout semble disparu.

Ce barrage dressé l'instant d'une existence
En travers du courant qu'on appelle le temps
A rempli jusqu'au bord la vallée, d'abondance
Pour une retenue qui soudain, débordant,

En un instant se vide, en un instant reprend
Son cours impétueux mais vidé de son sens,
Comme dans un aven s'engouffre le torrent
Dont les croyants attendent enfin résurgence...

Mais de cet Océan, dont les vapeurs dessinent
Les nuages des vies qui se sont écoulées,
Et qui se déversant sur de hautes collines
Font renaître ruisseaux qui creusent des vallées,

Toutes les eaux n'ont pas la même destinée :
Leurs cours est le produit de tant de conjonctions
De tant de contingences, de précarités,
Que même si s'opère une germination

C'est toujours autre chose — et non réplication.

54 - Qatarsis ?

Ma fille disparue a mis à nu mon cœur,
Mais me rend peu sensible à ces épouvantails
Dressés de toutes part pour diffuser la peur ;
Je continue d'écrire, — allons, vaille que vaille.

Le ciel est clair et beau, les lointains lumineux
Malgré GIEC et tous les Comités,
Malgré les injonctions des esprits souffreteux
Nous n'y sommes pour rien, on cherche à nous tromper.

Si les gens des Bureaux de la Conformité
Seulement se risquaient à regarder ailleurs
Que leur ordinateur aux courbes affichées
Moulinant des données qui sont truffées d'erreurs,

Ils devraient regarder au loin dans nos campagnes
Et voir à l'horizon, malgré leurs éoliennes,
Que le matin est beau — et oublier la hargne
Entretenue par eux sur toute les antennes

Envers qui pense Mal, parce qu'il pense un peu
Parce qu'il ose voir ce qu'il faut nous cacher
Et qu'il ose cracher sur tous les foutboleux
Qui pour plaire aux émirs vont se prostituer

Esclaves consentants, lie de l'humanité !

55 - Absence

La mémoire et l'oubli en moi se font la guerre
Images d'autrefois vives comme d'hier
Et qui comme la brume que l'aube génère
Peu à peu s'atténuent dans le souffle de l'air

Puis soudain au détour d'une page effleurée
En tournoyant revient le boomerang aigu
D'une présence qui, tout comme pour jouer
À cache-cache ici on dirait revenue.

Alors j'écris des mots en frottant le crayon
Sur la trace restée comme sur un buvard
Des souvenirs édulcorés dessous mon front
Pour dessiner en négatif, et un peu tard

Une forme une voix un rire — sans espoir.

56 - trou noir

Et je parle à ta fille et ma fille c'est toi
Je saute les années et les générations
Maintenant c'est Manon, et pour elle c'est moi
Le vieux papi, dont elle ne sait que le nom.

Temps mélangés ces vagues qui ont déferlé
Qui sens dessus dessous du plus lointain venues
S'enroulent mélangeant l'écume et la marée
Se mêlent s'enroulant se déversant se muent

Comme deux galaxies que des années-lumière
Séparent, mais pourtant dans un même univers,
Nos deux vies devenues tellement singulières
Entretenaient pourtant une attraction plénière.

Devenue un trou noir nul ne peut plus t'atteindre
Sauf à te ressembler en cessant d'exister
Et moi qui continue ne pouvant plus t'étreindre
Comme amputé je vais un peu à cloche-pied

Sur les béquilles de ce que tu as été.

57 - SOS

Lassitude devant tant de discours biaisés
De papotages médiatiques récurrents
La doxa racialiste aujourd'hui tant prônée,
Parisianisme qui me fait grincer des dents.

Ces gens-là ne connaissent vraiment rien de nous,
Ils ne vivent qu'entre eux, même s'ils font semblant,
Passent à la Télé pour gagner quelques sous
Dont ils n'ont pas besoin, ce sont des figurants.

Le Freluquet lui, dit tout et son contraire
Est-ce par ignorance ou bien par manigance ?
On ne peut le savoir, et ses fausses colères
Ressemblent un peu trop à celles de l'enfance.

Mais ce n'est qu'un décor pour amuser la foule ;
Il ne fait qu'appliquer les ordres de Bruxelles
L'essentiel du projet devant nous se déroule :
Nous imposer une population nouvelle...

Nous les sauvons et c'est notre bateau qui coule !

58 - la Mort, la Vie

« Le soleil ni la mort » disait Rochefoucauld
« Ne se peuvent regarder fixement » — et si
Pour le soleil, avec un écran noir, c'est faux,
La mort on ne la voit qu'en périssant aussi.

La vie n'est au fond rien qu'un accident mortel
Ce qui fait qu'il y a quelque chose et non rien
Une courte exception au vide universel,
La niche temporelle d'un hasard, ou bien

L'erreur dans la réplique d'une molécule
Une combinaison imprévue mais fatale
Ayant donné naissance à un animalcule
Un déviant, un caillou devenu animal…

Mais cette simple erreur qu'on appelle la vie
À force de répliques produit des rameaux
Qui parfois se dessèchent si on les oublie
Tige bientôt coupée comme d'un coup de faux,

Un monde autodétruit par une erreur de trop.

59 - Déjà...

Déjà une semaine que tu es partie...
À quoi sert de compter ? Le temps pour toi n'est plus ;
Dans ma pensée pourtant demeurent enfouies
Tant d'images de toi — et laquelle étais-tu ?

Quel est le lien secret qui nous-même nous lie
À ce que nous étions et sommes devenus ?
La somme des moments composant notre vie
Pèse fort peu à l'aune de ce qu'on voulut.

Comment être soi-même en échangeant sans cesse
Rêve et réalité, jusqu'à ne plus pouvoir
Ni vivre dans le rêve quand parfois s'abaisse
Le pont-levis qui seul donnerait de l'espoir,

Ni dans le terre à terre de cet abreuvoir
Qu'est l'arrière boutique des apothicaires
Et les bonnets pointus des bateleurs de foire
Dont les recettes n'ont qu'un effet éphémère.

Dans la forêt des jours il est tant de chemins
A chaque carrefour où est la droite voie ?
Malin qui le dira, sauf à en voir la fin :
La vérité jamais ne s'écrit qu'une fois

Si on peut la trouver, ce n'est qu'au fond de soi.

60 - Morosité

Le gris du ciel rejoint celui de ma pensée
Qui doute d'elle-même en ce brouillard morose
Effaçant l'horizon comme un rideau tiré
Sur une comédie faite de peu de chose.

Chaque jour cependant je marque par des mots
Que je suis toujours là même si, déclinant,
Il devient plus fréquent de prendre du repos
Et si mon pas se fait chaque jour plus branlant.

Parcourir les journaux n'est pas très exaltant :
Les crimes qu'on punit, et ceux qu'on glorifie
De par leur résultat se ressemblent pourtant
On peut se demander ce que ça signifie ?

Je voudrais m'éloigner de la cacophonie
Des médias qui chacun prêchent pour leur chapelle
Et les forfanteries des prétendus partis
Je voudrais remplacer leur soi-disant nouvelles

Par un monde rêvé fait de mes ritournelles…

61 - Vide

Comment dire l'absence de ce qui n'est pas
Donner une existence à la seule béance
Faire surgir encore en retrouvant ses pas
Ce qui de toi encore aurait la ressemblance ?

C'est comme un cadre vide attendant une image
Un manque si soudain — comme un trou de mémoire
Une forme aux contours découpés sur ma page
Une présence en creux faite de désespoir.

Que ne suis-je croyant pour me dire qu'un jour
Je pourrai rattraper mon retard, et l'espoir
De pouvoir te rejoindre et te donner l'amour
Dont peut-être tu as manqué sans le savoir.

Mais non. Je sais très bien que la disparition
N'est pas que le contraire de la vie mais sa
Condensation, son résumé, sa conclusion
Et qu'alors tout est dit, que je ne pourrai pas

Ajouter quelque chose à cette histoire-là…

62 - Bée…Bée…Bédé

La bataille annoncée n'a pas du tout eu lieu :
Dargamin qui avait fait sonner le tocsin
À ses casseurs a dit de demeurer chez eux
Pour qu'on puisse admirer les Champs Élyséens.

Les médias qui tenaient propos dithyrambiques
Et déjà prévoyaient des pages de carnage
Ont dû vite chercher des faits divers tragiques
Mais du côté de Kiev on en a, des images !

Le Tout-Paris bientôt viendra à Angoulême :
Qui lit le Figaro doit aimer les bédés ;
Et tout comme Orelsan, Vivès, en ses graphèmes
S'adonne volontiers à la vulgarité.

La culture aujourd'hui n'a plus qu'une syllabe :
La première bien sûr, qui est accentuée ;
L'aventure n'est plus affaire d'Astrolabe
Mais légendes refaites façon non-genrée.

Je ne suis vraiment plus de ce monde d'ados
Le "Grand Duduche" au moins avait de la tenue ;
Et de préférer Proust plutôt qu'Annie Ernaux
Fait de vous une sorte de vieux détritus…

Laissons braire les ânes — préférons le Beau

63 - Les aveugles

Le bruit de ma Comtoise aujourd'hui c'est Tik-Tok
Pour les jeunes accros aux chinoiseries louches,
Où tout ce qu'on y fait n'est jamais que du toc
Plus d'un milliard y sont, collés comme des mouches.

Ils devraient regarder le tableau de Brueghel
À défaut de connaître ce qu'en dit Matthieu ;
Se tenant l'un à l'autre, cette ribambelle
En tapotant, ne font que se crever les yeux.

En avançant ainsi, tous à la queue leu leu
Dans un monde créé par des influenceurs,
Et ignorant celui qui s'étend autour d'eux,
Peut-être pensent-ils y trouver l'âme soeur

Mais risquent de finir dans quelque trou fangeux.

64 - Médias

Pour voler au-dessus de la futilité
Dont les journaux sont pleins, justifiant leurs prébendes,
La Musique, la vraie, que l'on peut écouter
Sans devoir s'agiter, se trémousser en bande,

Ou même le silence : assez de ces clameurs
De ces palabres inutiles, ces débats
Où s'invectivent ceux qui iront tout à l'heure
Boire un coup en commun au bistro du Sénat !

Rumeur du monde c'est celle de l'autoroute
Des idées creuses, des phrases truquées,
Des discours ne laissant aucune place au doute,
Où la main sur le cœur était prête à gifler...

Assez de tout cela, ce vacarme obligé,
Ces gros titres pour rien, ces scoops et ces mantras ,
Ce qui n'est que de l'herbe donnée à brouter
Au troupeau de tous ceux qui regarderont ça

Le soir à la télé, livré, prêt à penser.

65 - La ligne de pente

Si je ne peux agir au moins je peux comprendre
Je peux lire et écrire, même seul dans mon coin.
Je peux comme Solon, me glorifier d'apprendre,
Et les années passant, ignorer un peu moins.

Maigre consolation, malgré tout, pour celui
Qui de sa vie durant voulut changer le monde
Et se voit obligé maintenant malgré lui
De voir comment ce sont des tendances profondes

Qui mènent les pays, les océans, les gens,
Même les arts, la pensée, le savoir, la science
D'un mouvement que j'ai cru pendant si longtemps
Être ascendant, et dont pourtant la décadence

Aujourd'hui m'apparaît comme trait dominant,
Puisque la guerre continue, au grand profit
Des marchands d'armes des banquiers, des intrigants,
Des Présidents fantoches de peuples soumis ;

Quand le mensonge tient lieu de diplomatie,
Quand le décervelage entrepris dès l'enfance
À l'Université se prolonge à bas bruit,
Et quand les professions qui ont la préséance

Sont celles qui de vent remplissent les esprits !

66 - Influence

« Frères humains, qui après nous vivez… » Villon
Peut-être maintenant serait-il un rappeur
Un truand recyclé, un charmant histrion
Qui gagnerait du fric étant influenceur ?

Mais à la différence des imitateurs
Lui au moins connaissait cette langue française
Qui tout juste sortait de ces latiniseurs
De ces bonnets carrés trafiquants d'exégèses.

Ma barque sans Charon s'en va à la dérive
Quand je plonge des yeux dans la vase du fond
Où gargouillent tous ceux qui sont sur le qui-vive
Guettant l'événement qui fournira des fonds

Pour leurs agences leurs bureaux leurs officines
Où à longueur de temps on ne vend que du vent
Mais sont sponsorisées par ceux qui nous vaccinent
De leurs doses plutôt que des médicaments

Qui ne coûteraient rien, donc pas intéressants !

67 - Migrants

Dans les années quarante, sous l'occupation
Chaque Noël mon père nous a fait écrire
Une page, sur laquelle nous racontions
Nos cadeaux, le sapin, nos meilleurs souvenirs...

Et lui avait écrit tout le mal qu'il pensait
De la vie dure, des tickets, de l'essence
Introuvable et trop chère, pour lui qui aimait
Rouler dans sa Peugot, autrefois, aux vacances.

Nous les enfants avons traversé ces années
Noires sans en avoir trop souffert malgré tout ;
J'ai quelques souvenirs pourtant restés gravés :
Les Boches défilant juste devant chez nous...

Faudrait-il aujourd'hui devant tant de bêtises
Accumulées sciemment par nos gouvernements,
Faire comme en quarante, et supporter la prise
D'un pays que l'on livre aux hordes d'occupants

Que l'on a déguisés sous le nom de "migrants" ?

68 - "Journée Mondiale"

J'ai lu dans les journaux qu'aujourd'hui ce serait,
Et je n'invente pas ! — La "Journée de l'orgasme"…
Ni Huxley ni Orwell n'ont pensé qu'on irait
Si loin dans la réglementation du fantasme !

L'intimité n'est plus que simple marchandise
On peut décidément tout vendre tout louer
Les ventres les concepts ne sont que friandises
Pour les conglomérats nés du prêt-à-penser.

L'époque est obsédée par cette mise en scène
Permanente de ce qui doit être intérieur ;
Les gens qu'on dit "en vue" ont un langage obscène
Et leur pensée demeure à l'étage inférieur.

Est-ce fatalité que cette décadence ?
Il faudrait vivre assez pour voir enfin peut-être
Qu'elle aussi finira par une déchéance
Donnant à la culture chance de renaître,

Sur les décombres du pouvoir de la semblance.

69 - Pierres

Porté par un envoi d'un docte mien neveu
J'ai repris d'anciens livres et cette porte ouverte
M'a servi d'antidote aux flots impérieux
Du pied-ballon et de chandelle verte.

"L'écriture des pierres" — la formule est belle
Et ce qu'en dit Caillois est remarquablement
Taillé et ciselé comme des pimprenelles
Ajoutées aux salades des livres savants.

Et si pierre qui roule n'amasse pas mousse,
Si cailloux concassés ne font que l'enrobé,
Les pierres qu'on ramasse sont de jeunes pousses
Pour l'esprit qui s'infiltre en leur intimité.

Des enfants nous vendaient de fausses améthystes
Naïvement teintées d'un peu d'encre violette ;
Mais les cristaux taillés comme de main céleste
N'en demeuraient pas moins comme une escarpolette

A la pensée du beau dans la nature et l'art
Et ce qui vient de nous dans ce que l'on croit voir
Et dont quelque défaut est le point de départ
Pour une exploration de minérale histoire

Perché sur un griffon aux ailes de hasard.

70 - Écriture

Écrire maintenant me devient difficile
Autrement qu'au clavier — à force j'ai perdu
L'habitude et je suis devenu malhabile
Et c'est un peu pour moi comme marcher pieds nus.

Bien avant la "micro", sur une portative
Je tapotais déjà, pour conserver la trace
De mes premiers poèmes, et de mes missives
Et j'ai gardé longtemps bien de ces paperasses.

Aujourd'hui le courriel est tellement facile :
Plus besoin de papier, de timbre, d'enveloppe,
On clique et c'est parti comme on lance un missile
Et c'est à la portée même d'un misanthrope.

Mais ce qui s'est perdu, c'est l'affect, l'émotion
Que traduisait parfois ce léger tremblement
De la plume, au détour de la conversation
De loin, avec amour ou bien acharnement.

Quand je relis de vieux écrits, que je les tape,
C'est donner au vécu la froideur du tombeau
C'est gommer l'intention comme une erreur de frappe
C'est donner à la vie cette raideur du Beau

Pour qui l'hésitation n'est que signe de trop.

71 - Je refuse

La France déchirée comme c'était hier
Quand les Catholiques avec les Protestants
Se livraient chaque jour une sanglante guerre ;
Aujourd'hui c'est l'Islam qui aux autres s'en prend.

Les chrétiens maintenant devant cette menace
Se croient autorisés à relevez le nez,
Et la main sur le cœur toute l'histoire effacent
Allant jusqu'à maudire la laïcité.

Je refuse d'avoir à choisir entre deux,
Entre Pape et Calife, Oumma ou Chrétienté.
Les siècles ont passé depuis ces temps affreux :
Il serait temps d'asseoir la rationalité

Comme la pensée vraie, et de cesser de croire
À ceci ou cela, tonsuré, barbichu.
Il serait temps d'avoir autre souci de gloire
Que du côté du ciel, qui a toujours déçu,

Et sur terre chercher quelque raison d'espoir !

72 - prendre le large

Navire aux soutes pleines d'antiques trésors
Sans bruit et sans clameurs je largue les amarres
De cette terre en ruines je quitte le port
Sans cap et sans compas, je suis toujours de quart.

Puisque je ne puis rien contre cette discorde
Que des tyrans malins entretiennent sans cesse
En livrant nos pays à de furieuses hordes
Pour mieux régner en maîtres sans qu'il y paraisse

Drapés dans leurs habits d'habiles comédiens
Et se faisant passer pour de bons philanthropes
Ces habitués du "Siècle", tous ces pharisiens
Cette davocratie, qui règne sur l'Europe

Partout dans les esprits instille le poison
Par le moyen d'une injection de peur,
De la déconstruction et de la soumission,
En se faisant passer pour de grands bienfaiteurs…

Pourtant, prendre le large — est-ce la solution ?

73 - France-Artémis

Gitans à Perpignan contre Arabes dressés,
Turcs et Kurdes se lancent de nouveaux défis
Après la fusillade, œuvre d'un détraqué.
Demain peut-être bien qu'on verra dans Paris

Des bandes racisées marquant leur territoire
Comme le font les chiens quand ils lèvent la patte
Et se livrent bataille pour la moindre histoire
En sortant de leurs trous comme le font les blattes.

France ! Autrefois déjà Agrippa déplorait
Que deux bandes armées tes seins se disputaient
Mais tout comme Artémis à Éphèse en offrait
De tellement nombreux, aujourd'hui, tu aurais…

Et chacun tirant l'autre pour sucer le lait
Que trop bonne tu donnes à ceux qui le voudraient,
Ta santé qui s'étiole, de tous leurs méfaits
Ne pourrait revenir que si tu les chassais

Ces prétendus enfants, à grands coups de balai !

74 - Anti-virus

Poussé par un message un peu bizarre, j'ai
Dû, avant d'y répondre en faire l'analyse
Car mon agent de surveillance me disait
De le jeter avant qu'il ne me paralyse.

La prétendue "Intelligence artificielle"
N'est qu'un leurre si on prend le mot à la lettre.
Mais des algorithmes dont on voit les ficelles
Nous pilotent déjà, savent nous reconnaître.

Le robot comme humain est une faribole,
Mais les médias déjà nous guident dans nos choix :
« Pour notre bien » nous sommes comme des guignols,
Et l'on nous fait danser, en nous montrant du doigt

Si l'on ose douter de la nécessité
De vaccins dont l'effet n'est vraiment garanti
Que pour les bénéfices de ces sociétés,
Dont les représentants sont des vers dans le fruit

De nos institutions devenues des seringues,
Pour mieux nous injecter notre prêt à penser,
Pour que le vrai du faux jamais on ne distingue,
Pour nous immuniser de la curiosité,

Et qu'on accepte même le Remplacement…
Il nous faudrait plutôt comme pour nos machines
Un détecteur automatique de migrants,
Pour les bloquer avant qu'ils ne nous assassinent

Ou simplement s'en viennent prendre un peu d'argent !

75 - Incompétence

Il fait un froid polaire sur les U.S.A.
Et chez nous il fait doux, ça plaît aux écolos
Qui peuvent répéter que si l'on ne fait pas
Ce qu'il faut, on sera tous en enfer bientôt.

Ils occupent les gens tous ces prêchi-prêcha
Pour les dissuader de se mettre en colère
Quand Bercy est le seul des services d'État
À fonctionner bien mieux que les chemins de fer

Qui vont cahin-caha, de grève en grève, et ça
Agace bien les gens qui conspuent les grévistes
Au lieu de reprocher au Patron, à l'État
D'organiser la gabegie, à l'improviste !

On nous dit : "délestages", le mot est joli,
Pour cacher qu'on a fait ce que voulait l'Europe
C'est à dire casser la source d'énergie
Nucléaire pour implanter des héliotropes

Ou des moulins à vent, défigurant la terre
Avant de nous forcer, peut-être, pourquoi pas,
À souffler tous dedans, car le vent éphémère
Peut venir à manquer — on ne l'achète pas !

Plutôt que d'écouter ceux qui sont compétents
On a donné nos sous à bien des "conseillers",
Et au lieu de choisir Loïk Le Floch-Prigent
On a mis celle trouvée au fond du panier

Et qui comme son maître a servi les banquiers…

4ème partie

décembre 2022 - janvier 2023

76 - Collabos

Houellebecq dans "Soumission" a prophétiquement
Décrit comment l'Islam faisait sa reconquête
Et comment il allait désormais patiemment
Nous enfermer dans la religion du Prophète,

Comme l'araignée tisse lentement sa toile,
Avec la certitude de venir à bout
De toutes celles qui refuseraient le voile
De tous ceux qui voudraient encore être debout.

Dans cette offensive faite à couteaux tirés
Chaque bateau apporte quelques combattants
Chaque jour repêchés comme des naufragés
Et bientôt débarqués comme pauvres migrants.

Mais le pire n'est pas cette armée occupante,
C'est celle qu'on nommait la "Cinquième colonne"
Celle de tous les acquis aux idées dominantes
Aujourd'hui devenue celles des "Droits de l'Homme" ;

Et quand un écrivain ose employer des mots
Qu'on ne peut pas entendre dans une mosquée
Ce sont les collabos qui montent au créneau
Pour désigner celui qu'il faudrait lapider…

Madame Hyde, alors, c'est bien Madame Algo !

77 - héros ?

On a certainement les héros que l'on peut.
Autrefois on a eu Napoléon, de Gaulle
Mais aujourd'hui c'est à un quelconque footeux
Qu'on tresse des couronnes, porté sur les épaules,

Comme sur le pavois, quand Clovis était roi !
« Ce pelé, ce galeux », se croyait éternel,
Mais il est désormais sur la touche, je crois,
Et pour assez longtemps n'est plus dans le panel.

On avait eu Roland, et Bertrand Duguesclin,
Jeanne était Lorraine, et non pas brésilienne
Ne tapait pas dans un ballon, mais savait bien
Comment mener une guerre à la mode ancienne,

Et nous débarrasser de l'anglais assoiffé
Qui frétait les gabares pour charger du vin
Et faisait la richesse des chartrons futés
Qui leur vendaient aussi le pays Aquitain.

On avait eu Pasteur la seringue à la main
Et puis Marie Curie, Bonnard et Picasso,
On avait eu Blériot, Mermoz, et si Pétain
Avait failli, on l'avait pris pour un héros,

Avant de faire la risette aux hitlériens…
On avait eu Charles Martel et Jean le Bon
Et Bernard Palissy, Barat et Jean Moulin,
Ces gens ne savaient pas ce qu'était un ballon

Mais la France leur doit d'être une vraie nation.

78 - Monde ancien

Chaque nouvelle année voit la forêt des ombres
S'agrandir un peu plus, un peu plus épaissie ;
Plus longtemps je tiendrai devant la porte sombre
Et mieux cela vaudra, pour moi, – et toi aussi.

Plus que la lassitude, c'est l'étonnement
Qui me saisit de voir comment ce vieux pays
Qui fut celui pourtant où j'ai vécu longtemps
Ces rues et ces campagnes, ces pierres noircies

Comme une ville d'Ys, que l'océan du temps
Engloutit peu à peu, ou bien comme la cendre
Projetée du cratère de quelque volcan,
Fit de ses habitants statues de pierre tendre…

Je suis un peu comme un qu'on a laissé pour compte
Un dernier Mohican, un meuble trop ancien,
Un objet déclassé dont on a un peu honte
Et que l'on a caché quelque part dans un coin,

Mais de là je regarde et je m'amuse bien !

79 - Bonnes résolutions

Au Guy l'an neuf ! En parodiant le rituel,
J'affiche mon espoir de vivre encore un an
À tout le moins — et à défaut d'être éternel,
Même si tout ce que je vois n'est pas brillant…

Mais peut-être vaut-il, après tout, mieux me taire,
Et mettre mes sarcasmes, comme la chaudière
En mode ralenti, pour la Planète Terre
Puisqu'elle se réchauffe, dit le Ministère.

Pour la nouvelle année, je devrais essayer
D'être plus constructif et bienveillant, surtout ;
Je devrais m'efforcer de vraiment bien penser
Je devrais voir le Bien et tomber à genoux

Pour remercier le ciel et Macron et consorts
De tout ce que pour nous ils ne cessent de faire,
En nous piquant et repiquant, et les efforts
De tous ces services aux fins humanitaires.

Je vais dire le Bien et que la soupe est bonne ;
Que les migrants ont droit d'avoir un beau smartphone,
Leur donner des châteaux, pas des chambres de bonne,
Leur donner des papiers, des vrais, que l'on tamponne

Et dans les hôpitaux, accourir quand ils sonnent !

80 - Tout va bien !

Quelques centaines de voitures brûlées,« c'est rien ! »
Dit le ministre : « autrefois on a vu bien pire ! »
« En 2023, voyez, tout ira bien… »
C'est la Méthode Coué — et du pince sans rire.

Quelques obus sur Kiev comme feux de Bengale
Des missiles lancés quelque part en Corée
Quelques drones passé au-dessus de l'Oural
Des canons installés à très longue portée…

Tout cela est banal : il suffit d'accepter
Les règles de la guerre pour les combattants
Aux mercenaires le sale boulot laisser
Et l'on peut défiler à l'arrière en chantant.

L'Europe est maintenant la Marche américaine
Devant le Grand Satan Poutine le Petit
L'Ukraine est le rempart avant la morne plaine
Où pour Napoléon se prend le Zelensky.

Même masquée la Chine est en proie au virus
Mais grâce au Président, tout le monde est content ;
Une attaque menée avec l'aide des Russes
Pourrait bien libérer Taïwan des marchands.

En somme tout va bien, vive le Nouvel An !

81 - État des chèques

Les boulangers auront droit à un petit chèque,
Et pourquoi pas aussi tous les petits commerces ?
C'est la mode aujourd'hui : pour cacher ses échecs
L'État jette des sous comme tombe une averse.

Depuis trente ans au moins on a soigneusement
Démoli l'industrie et laissé en jachère
Ce qui faisait pourtant de la France un géant
On a laissé pourrir notre parc nucléaire !

Pour plaire aux Allemands, valets des USA,
Tous nos bons présidents ont eu la même antienne :
« Il faut décarboner ! » et alors, à grands pas,
On a tout saccagé… mais qu'à cela ne tienne,

Nous aurons du courant venant des Allemands
On achètera cher ce qu'on vendait pas cher,
On carbonisera à tout va, maintenant,
Puisque leur combustible est le charbon de terre !

Vraiment tous ces gens-là nous traitent en enfants ;
Ils nous masquent, démasquent, nous font la morale,
Ouvrent grande la porte aux hordes de migrants,
Et croient nous amuser en jouant à la balle,

Aux émirats, déserts où coule l'argent sale…

82 - Pays rêvé

Je voudrais émigrer vers un pays étrange
Qui soit bien différent mais demeure le même
Qu'il était autrefois et pour que ça m'arrange
Qu'il ne soit pas trop loin, mais pas trop près quand même…

Un pays où l'on voit sans cesse des châteaux
Avec des vignes et des bois, et des vallées,
Avec de vraies montagnes, mais sur les coteaux
Des vaches bien tranquilles qu'on peut caresser.

Un pays de chemins creux et de frais bocage,
De grandes plaines où le blé dodelinant
Laisse de loin se voir comme fait un mirage
Un clocher très pointu avec un coq tournant

Au gré du vent, qui souffle de lointaines plages,
Un pays où la mer de trois côtés arrose
Le calcaire crayeux découpé en fromage
Et le granit rugueux parfois teinté de rose,

Un pays où les hommes retroussant leurs manches
Ne montrent pas des bras de sauvages tatoués ;
Où les femmes qui vont au marché le dimanche
Ont des robes jolies et ne sont pas voilées…

Un tel pays peut-il encore se trouver ?

83 - Prêcher dans le désert

Aujourd'hui je me dis : faire la sentinelle
Tout comme si j'étais au désert des Tartares
Et chaque jour écrire de ces ritournelles
Est-ce bien nécessaire, et n'est-il pas trop tard ?

Personne n'entendra jamais ce que je dis
Puisque je ne suis pas de ces équipes-là
Qui hantent les plateaux le soir et le midi
Et dont les bavardages donneront le la

À tous les recopieurs à tous les plumitifs
Qui en boucle répètent ce qu'on leur a dit…
Et maintenant que de l'État le frêle esquif
Sur un volcan navigue en prenant bien des ris,

Sur la retraite il va claironner l'hallali !
Et la foule en fureur pourtant se calmera,
Quand on lui montrera statistique à l'appui
Sur les écrans-télé, que s'il n'accepte pas

C'est toute la planète qui en souffrira !

84 - Soumission

Houellebecq après avoir rencontré le Recteur
A fait sa soumission ; et il a accepté
De changer quelques mots qui causaient la fureur
De ce Chef bienveillant de nos islamisés.

Je ne tiens pas rigueur à l'écrivain cynique
De donner lui-même preuve qu'il a raison,
Et que l'Islam est bien notre destin tragique
Allant de reculade en capitulation.

Et s'il préfère écrire ailleurs qu'en la prison,
Il serait bien odieux de le lui reprocher ;
Son livre prophétique appelé "Soumission"
Annonçait justement ce qu'il vient d'éprouver :

Aujourd'hui comme hier perdure la censure
Mais elle n'est plus faite à grands coups d'encensoir
Elle n'est plus le fait des porteurs de tonsure
Les corbeaux ne crient plus du haut de leur perchoir

Ce sont les turbannés du haut de leurs mosquées
Qui bientôt vont régir nos us et nos coutumes
Et ce qu'il faudra lire et qu'il faudra penser
Bien aidés en cela, le front dans le bitume,

Par tous les convertis de ce nouveau clergé !

85 - Éole es-tu là ?

Les maires des communes ne se battent pas
Contre les éoliennes installées en mer,
Mais au contraire ayant cédé à leurs appâts
Ils se battent entre eux, tout comme à Saint-Nazaire

Pour obtenir des sous contre ce beau gâchis
Qu'ils ont voulu pour faire plaisir à leurs "Verts"…
Et le contribuable habitant par ici
Paye de ses deniers pour ces géants pervers

Qui donnent du courant quand le vent les caresse
Et le reste du temps dorment tranquillement !
Les oiseaux apeurés du bruit qui les agresse
S'en iront se nicher très loin dans l'océan

Sur quelque roche sauve, comme des exilés ;
Et les poissons devant relécher le béton
Iront chercher ailleurs de quoi se rassasier
Dans de vieilles épaves coulées par le fond.

Jamais on ne pourra revoir à l'horizon
Quelque voile ou fumée, sur la côte interdite.
Les mareyeurs pourront acheter du poisson
Vendu par les chinois à qui cela profite…

Pour « sauver la planète », quelle destruction !

86 - Plaidoyer pro domo

Parfois je trouve étrange ce besoin d'écrire
En vers tout ce qui se passe dans ma tête.
Je pense quelquefois que je n'ai rien à dire
Et souvent je me dis : « C'est peut-être un peu bête ? »

Mais pourquoi devrait-on interdire au poète
De parler de sujets qui ne sont pas "sérieux" ?
Et pour ma part je crois que dans mes historiettes
Il est comme du poil à gratter pour les yeux.

Et qu'importe après tout ce que l'on pensera ?
La tragédie récente que j'ai supportée
Cette disparition subie comme un coup bas
N'est pas de ce qui peut me faire renoncer :

C'est plutôt me donner au contraire l'envie
Comme dit Rabelais dans « Fais ce que voudras »
De profiter du temps qu'il me reste de vie
Pour créer par des mots ce Monomotapa,

Où vivre en échappant aux tracas d'ici-bas.

87 - Du Livre

Je n'ai pas pu encore lire tous les livres
Et même pas les miens, ceux que j'ai conservés
En papier, et qui m'ont beaucoup aidé à vivre
Avant le numérique, en des temps reculés…

Un livre virtuel est une étrange chose :
Il est et il n'est pas ; il se fait tout petit
Il ne se montre pas, sa vie est toute enclose
Dans un appareillage sans quoi il ne vit.

On l'éveille, il est là ; on le jette sans trace,
Sans même un peu de cendre, sans fumée, sans rien.
Et en lui-même il tient vraiment si peu de place
Qu'on peut en conserver des milliers sous la main,

Sans avoir à longer toutes ces étagères
À grimper tout en haut, à genoux tout en bas,
Pour tapoter enfin, celui, plein de poussière,
Que depuis si longtemps on ne retrouvait pas !

Mais pourtant sous les doigts le numérique nu
Ne se peut caresser comme peau de papier
On ne peut l'entr'ouvrir comme robe fendue
Il n'a pas cette odeur, ni cette chasteté

Qui se livre à regret entre pages coupées…

88 - Accélération

Je voudrais bien sur moi trouver le bouton "pause"
Comme je sais le faire pour la vidéo
Demeurer à l'arrêt et regarder les choses
Se dérouler sans moi, en restant en repos.

Mais je suis pris pourtant dans ce flot continu
D'images et de bruit, dans cette agitation,
Dans cette fourmilière aux projets inconnus
Qui semblent bien souvent sans préméditation.

On dirait que la terre de plus en plus vite
Tourne de par le poids de sa population
Et avec elle entraîne tout ce qui l'habite
Dans une course folle, une accélération

Continue, sans raison, comme par mimétisme :
Il suffit bien d'un seul — et tout le monde court !
Ainsi on inventa le communautarisme
Sur les décombres du communisme, et c'est pour

Cela que le Grand Turc aujourd'hui reparaît
Car les gens aiment croire ceux qui les dominent,
Ils aiment les Sauveurs qui depuis leurs palais
Les tiennent à genoux, leur promettant la Lune,

Ils aiment admirer ceux qui les assassinent !

89 - Retraite anticipée

C'est à trente-huit ans que Montaigne l'a prise
Cette retraite dont les médias parlent tant !
On ne sait pas vraiment quelle date précise
Il a choisi soudain pour prendre du bon temps,

« Délibéré autant que je pourroy » dit-il
« Que de passer en repos et à part, ce peu
« Qui me reste de vie. » Mais il nous est facile
De savoir aujourd'hui qu'il vécut assez vieux,

Pour avoir profité de vingt années au moins
Au fond de son château, bien qu'ayant été maire,
D'une retraite fort studieuse néanmoins,
Parfois cerné de religieux faisant leur guerre.

De trente-huit à soixante quatre, on le voit,
Le progrès est allé à reculons, vraiment,
En cinq cents ans qui se sont écoulés — mais quoi !
Montaigne ne recevait pas d'émoluments,

Et n'avait pas la sécurité de l'emploi !

90 - Pythonisse

On nous promet bientôt des "mouvements sociaux",
Figure rhétorique aujourd'hui de rigueur
Reprise par tous les plumitifs Parigots
Pour ne pas avoir à parler des travailleurs.

Mais quitte à me risquer, jouant les Pythonisse,
Je crois que cette fois joue à se faire peur,
Un État délabré qui, comme La Palisse
Demeure encore en vie un peu avant son heure.

Car on défilera avec des haut-parleurs
En oubliant l'argent donné aux syndicats
Par un gouvernement jouant les bienfaiteurs :
Dans la main qui nourrit on ne crachera pas.

Les bonzes syndicaux pourront compter leurs troupes
Et bien rassérénés garderont leurs fauteuils
On vantera longtemps ce qui n'est qu'entourloupe
Et de démocratie ne porteront le deuil

Que ceux qui encore osent cracher dans la soupe !

91 - Homo faber

Je suis "Homo Faber" plutôt qu'"Homo Sapiens",
Je préfère le "faire" à la consommation
Et même si je lis, je suis plein d'impatience
À prendre mon clavier pour des annotations.

J'aimais la mécanique à l'instar de mon père
Et ce n'est pas pour rien si j'aimais la moto :
Dans ma jeunesse encore on pouvait tout refaire
Avec un peu d'outils et quelques vis en trop…

Et puis l'informatique est venue : j'ai plongé
Dans la marmite de ces bricoleurs géniaux…
En plein sud marocain, Apple II installé,
Je lisais l'Assembleur et le Pascal bientôt.

J'apprenais des langages dits artificiels
Moi qui jamais n'ai su parler que le français
Mais ces langages là m'ont servi comme échelle
Non pour monter au ciel mais pour ce que j'ai fait

Et que je continue à faire de plus belle !

92 - Numérique

Je suis un artisan un amateur de logiciel,
S'il me faut quelque chose je me le bricole
On me l'a parfois dit avec un peu de fiel
« Ce n'est pas fait selon les canons de l'École ! »

Mais la programmation, fille de l'invention
C'est bien ce qui me plaît sur toutes ces machines ;
On ne peut inventer qu'en allant à tâtons
Au lieu de respecter les livres de cuisine..

Archimède aurait dit « Avec un point d'appui,
Je soulève le monde ! », mais il n'en avait pas...
Avec le numérique, je crois qu'aujourd'hui,
Même s'il vaut bien mieux ne pas essayer ça,

On fait quand même comme si on soulevait
Cette terre dont on parvient à s'échapper
À force de fusées, mais si l'on calculait
La trajectoire avec un crayon de papier,

Ce ne serait pas bon pour tous les astronautes !
Les circuits imprimés, les "puces" minuscules,
Et le code qui doit n'avoir aucune faute,
Pilotant les terriens serrés dans leur capsule...

"Robur le Conquérant", devenu ridicule !

93 - Pérennité

Cicéron s'est donné le rôle de Caton
L'Ancien, pour nous parler de ce qu'est la vieillesse ;
Il écrivait cela reclus dans sa maison
Bien peu de temps avant que des soudards l'agressent,

Et lui tranchent la gorge et ses mains d'écrivain.
Cet Empire Romain qui fit longtemps rêver
Jusqu'aux barbares de pays pourtant lointains,
Ne fut le plus souvent que de crimes marqué.

Ce qui d'un siècle à l'autre est demeuré pérenne,
C'est cet assassinat au nom de la patrie,
La guerre, de la préhistoire aux temps modernes,
C'est le règne constant de la sauvagerie.

Les religions ont toujours causé plus de morts
Qu'elles n'ont sauvé d'âmes de thuriféraires ;
L'homme qui croit aux dieux n'est pas un Homme encore,
Et s'il n'en a plus qu'un, justement, au contraire,

Il n'en est que plus fort, pense-t-il, dans sa guerre !

94 - Coup de vent annoncé

« Cil qui sème le vent récolte la tempête »
Et si bientôt le vent agite les drapeaux
D'aucuns aimeraient croire que c'est chose faite
Et que le peuple va se montrer de nouveau,

Comme autrefois sur les ronds-points de la colère
On a beaucoup rêvé autour des braseros !
Mais le chacun pour soi "ça ne peut pas le faire"
Tout a fini dans la fumée, dans les sanglots…

Pour que le populaire impose sa vision
De l'avenir — encore faut-il qu'il en ait
Une idée claire, et sans la moindre éducation
Politique la foule fait ce qui lui plait,

Chacun se prend pour un tribun et s'égosille
En attendant qu'on le bastonne ou le flashballe,
Et puis la débandade fait qu'on s'éparpille,
Et la rue appartient aux casseurs en cavale !

L'histoire nous apprend que l'émeute jamais
N'aboutit à changer vraiment la société ;
Pour obtenir enfin de durables effets
Il faut une fracture profonde assumée

Et que quelqu'un se montre prêt à diriger !

95 - O tempora, o mores

Cicéron, d'amitié parle non sans froideur
Quand Montaigne au contraire avec délicatesse
Nous raconte comment ce fut un grand bonheur
De rencontrer celui dont la perte l'oppresse.

Chez l'orateur romain, la posture est marquée
Le sentiment n'est là qu'en termes convenus.
Montaigne a pour cela des termes imprégnés
D'une émotion qui n'est guère dissimulée.

« Autre temps, autres mœurs », aurait dit l'orateur
Si Montaigne avec lui avait pu deviser
Des Champs Élyséens parcourant les hauteurs
De l'Amitié faisant une prosopopée.

Cicéron a fini dans d'affreuses douleurs
Aux mains de spadassins venus en assassins.
Montaigne s'est éteint dans la paix du Seigneur
Dans sa tour, au milieu de livres en latin,

Où Cicéron était annoté de sa main.

96 - Faits d'hiver

Et voilà que Greta défend le nucléaire !
J'hésite entre le rire et le coup de chapeau :
Se pourrait-il parfois que même chez les "Verts"
Certains ouvrent les yeux ? Ce serait très nouveau…

L'Amérique est en guerre contre la Russie
Elle l'a préparée depuis presque dix ans
Camouflée en Ukraine, et c'est pour ça aussi
Qu'elle est partie si vite de l'Afghanistan.

Au lieu de spéculer sur la mort de Poutine
Que certains aimeraient bien voir assassiner,
Au lieu de renforcer de l'OTAN la machine
À tuer, l'Europe devrait bien négocier

Et renvoyer sanglants ces boxeurs dans leur coin !
Car pendant ce temps-là, à Davos on décide
Tirant les ficelles des Présidents-pantins
Pour que se fasse encore beaucoup plus rapide

Le Grand Remplacement de nos pays anciens !

97 - La Manif'

Une foule de gens vont battre le pavé
Pour dire leur colère à ce gouvernement
Qui pendant ce temps-là en Espagne est allé
Affichant le plus grand mépris pour les manants.

Il y aura peut-être des "débordements"
Si la police veut lancer ses supplétifs
À casser des vitrines pour que les chalands
Maudissent les grévistes avec leurs manifs :

Les casseurs ont toujours été des auxiliaires
Des pouvoirs contestés ; ils sont venus à bout
Des "Gilets Jaunes", comme de vrais mercenaires
Du Préfet de Police jouant son va-tout.

Puissé-je me tromper ! Et peut-être Macron
Passant les Pyrénées croit-il temporiser ?
Les laissant défiler, tous, sur l'air des lampions
Peut-être espère-t-il qu'ils vont se fatiguer

Et que sa loi sera tout de même votée !

98 - Désillusion

Le Général Hiver n'est pas au rendez-vous :
Poutine l'attendait, et sur lui il comptait
Pour arriver enfin à s'emparer de tous
Les territoires qui, croyait-il, l'appelaient !

Mais c'était sans compter la force américaine
Depuis longtemps guettant l'arrivée des Tartares
C'était se croire en face de la seule Ukraine
Alors que l'Occident l'avait dans son radar.

L'Europe déguisée en OTAN étoilée
Est la base avancée de l'Amérique avide
D'avoir un ennemi à qui se mesurer
Elle ne craint rien tant que la Paix, ce grand vide.

Et moi qui autrefois pensait changer le monde
C'est le monde aujourd'hui qui m'oblige à changer :
L'enthousiasme d'antan contre "la bête immonde"
Est devenu un doute envers les deux côtés,

Et je n'ai plus de camp pour lequel me vouer !

99 - **Tout va bien ! (2)**

Après la pluie voilà le beau temps qui revient ;
La manif est finie tout redevient normal :
Embouteillages du périph', retard des trains
Métro bondé, coups de couteau et viande hallal.

À la cantine de l'école, pour ne pas
Discriminer, on peut manger du végétal ;
Et les grands-frères vous attendent sur le pas
De la porte, pour envoyer à l'hopital

Celui qui aurait dit sur le prophète un mot
De trop : l'ordre est venu de la mosquée voisine
Où l'imam tous les vendredis met la sono
C'est la version de notre temps du muezzin.

Nous autres, résignés, nous devons marcher droit
Pour ne pas encourir la haine des mollahs
Nous sommes tolérés dans cet état de droit
Retaillé sur mesure aux préceptes d'Allah...

Donc ici tout va bien, au nouveau Califat !

100 - **Dualité**

Malgré les ans nos corps se connaissent encore,
Étincelle jetée dans le brasier qui couve
Nucléaire fusion allumée sans effort
Comme en un réacteur aux magnétiques douves.

À la décrépitude inexorable et lente
On ne peut qu'opposer des flambées éphémères ;
Et au volcan soudain d'ardeur extravagante
Un abyssal silence suit au fond des chairs.

Envers la société je suis écartelé
Le plus souvent dressé, orateur véhément,
Mais sans public je n'ai que toi pour m'écouter,
Et parfois je voudrais penser comme les gens…

Qu'il serait bon d'aller en suivant le courant
Et trouver du plaisir à bêler, moi aussi !
Mais sitôt que j'y pense — je vais m'opposant,
Les deux forces en moi font que je m'assoupis

Et en sursaut m'éveille, de rage repris !

*La mise en page de ce volume
a été réalisée par l'auteur
sur Macintosh avec LaTeX*

Dernière révision du texte le 9 mars 2023, 14 h 36

www.ingramcontent.com/pod-product-compliance
Lightning Source LLC
Chambersburg PA
CBHW051106300726
48981CB00001B/9